school - ቤት-ትምህርቲ 2
travel - መገሻ 5
transport - መጓዓዝያ 8
city - ከተማ 10
landscape - ስእሊ መሬት 14
restaurant - ቤት-መግቢ 17
supermarket - ሱፐርማርክት 20
drinks - መስተ 22
food - መግቢ 23
farm - ቤት ሕርሻ 27
house - ገዛ 31
living room - ክፍሊ ምቕማጥ 33
kitchen - ክሽነ 35
bathroom - ክፍሊ ባንዮ 38
child's room - ክፍሊ ቆልዑ 42
clothing - ክዳን 44
office - ቤት ጽሕፈት 49
economy - ቍጠባ 51
occupations - ሞያታት 53
tools - ናውቲ 56
musical instruments - መሳርሒ ሙዚቃ 57
zoo - መካነ እንስሳታት 59
sports - ስፖርት 62
activities - ንጥፈታት 63
family - ስድራቤት 67
body - ኣካላት 68
hospital - ሆስፒታል 72
emergency - ህጹጽ ኩነት 76
Earth - ምድሪ 77
clock - ሰዓት 79
week - ሰሙን 80
year - ዓመት 81
shapes - ቅርጽታት 83
colours - ሕብርታት 84
opposites - ኣንጻራት 85
numbers - ቁጽርታት 88
languages - ቋንቋታት 90
who / what / how - መን / እንታይ / ከመይ 91
where - ኣበይ 92

Impressum
Verlag: BABADADA GmbH, Nedderfeld 112 , 22529 Hamburg
Geschäftsführer / Verlagsleitung: Harald Hof
Druck: Books on Demand GmbH, In de Tarpen 42, 22848 Norderstedt

Imprint
Publisher: BABADADA GmbH, Nedderfeld 112 , 22529 Hamburg, Germany
Managing Director / Publishing direction: Harald Hof
Print: Books on Demand GmbH, In de Tarpen 42, 22848 Norderstedt

1

school

ቤት-ትምህርቲ

classroom
ክፍሊ ክላስ
divide
መቀለ
186/2
board
ሰሌዳ
ቀጽሪ ቤት-ትምህርቲ
teacher
መምህር
paper
write
pen
መጽሓፊ
desk
ጣውላ ምጽሓፍ
ruler
መስመር
book
መጽሓፍ
pupil
ተመሃራይ

satchel

ሳንጣ ትምህርቲ

pencil case

ሰፈር ብርዒ

pencil

ርሳስ

pencil sharpener

መብልሒ ርሳስ

rubber

መደምሰሲ

drawing pad

ጥራዝ ስእሊ

2

drawing

ስእሊ

paintbrush

ብርዒ ቀለም

paint box

ቦክስ ቀለም

scissors

መቐስ

glue

መጣበቒ

exercise book

ጥራዝ መላመዲ

homework

ዕዮ ገዛ

12

number

ቁጽሪ

2+2

add

ወሰኸ

subtract

ጎደለ

2×2

multiply

ረብሐ

calculate

ደመረ

A

letter

ፊደል

ABCDEFG
HIJKLMN
OPQRSTU
VWXYZ

alphabet

ስርዓት ፊደላት

word

ቃል

text

ጽሑፍ

read

ኣንበበ

chalk

ኩርሽ

lesson

ሰዓት

register

መዝገብ ክላስ

exam

መርመራ

certificate

ሰርቲፊኬት

school uniform

ድቢዛ ቤትትምህርቲ

education

ትምህርቲ

encyclopedia

ለክሲኮን

university

ዩኒቨርሲቲ

microscope

ሚክሮስኮፕ

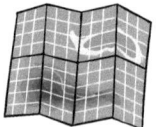

map

ካርታ

waste-paper basket

ጎሓፍ ወረቐት

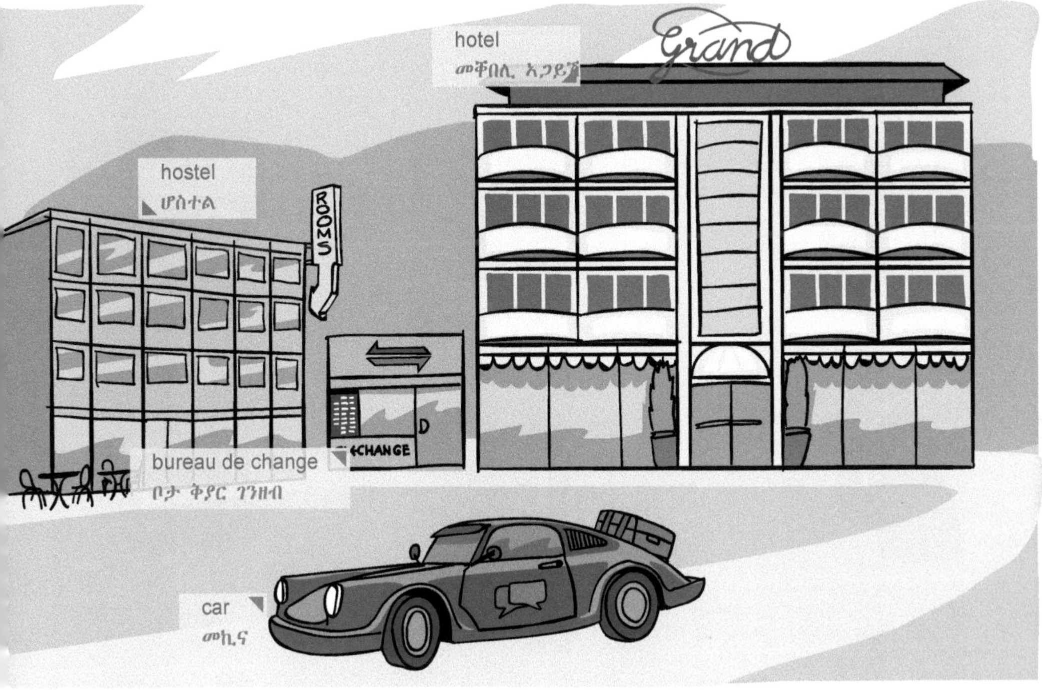

hotel
መቆበሊ. አጋይኝ

hostel
ሆስተል

bureau de change
ቦታ ቅያር ገንዘብ

car
መኪና

language

ቋንቋ

yes / no

እወ / ኖ

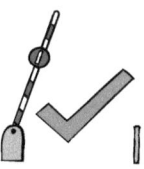

Okay

ሕራይ

hello

ሰላም

translator

አስተርጓሚ

Thank you

የቆንየለይ

how much is...?

. . . ክንደይ ዋግኡ?

I do not understand

ኣይተረድኣኹን

problem

ሽግር

Good evening!

ሰላም ምሸት!

Good morning!

ከመይ ሓዲርካ

Good night!

ሰላም ለይቲ

bye bye

ደሓን ኩን

direction

ኣንፈት

luggage

ጉዓዝ

bag

ሳንጣ

backpack

ሳንጣ ሕቖ

guest

ጋሻ

room

ክፍሊ

sleeping bag

ክሻ መደቀሲ

tent

ቴንዳ

tourist information

ሓበሬታ በጻሕቲ ሃገር

beach

ገምገም ባሕሪ

credit card

ክረዲት ካርድ

breakfast

ቁርሲ

lunch

ምሳሕ

dinner

ድራር

ticket

ቲከት

lift

ሊፍት

stamp

ማሕተም ደብዳበ

border

ዶብ

customs

ድጓና

embassy

ኣምበሲ

visa

ቪዛ

passport

ፓስፖርት

transport

መጓዓዝያ

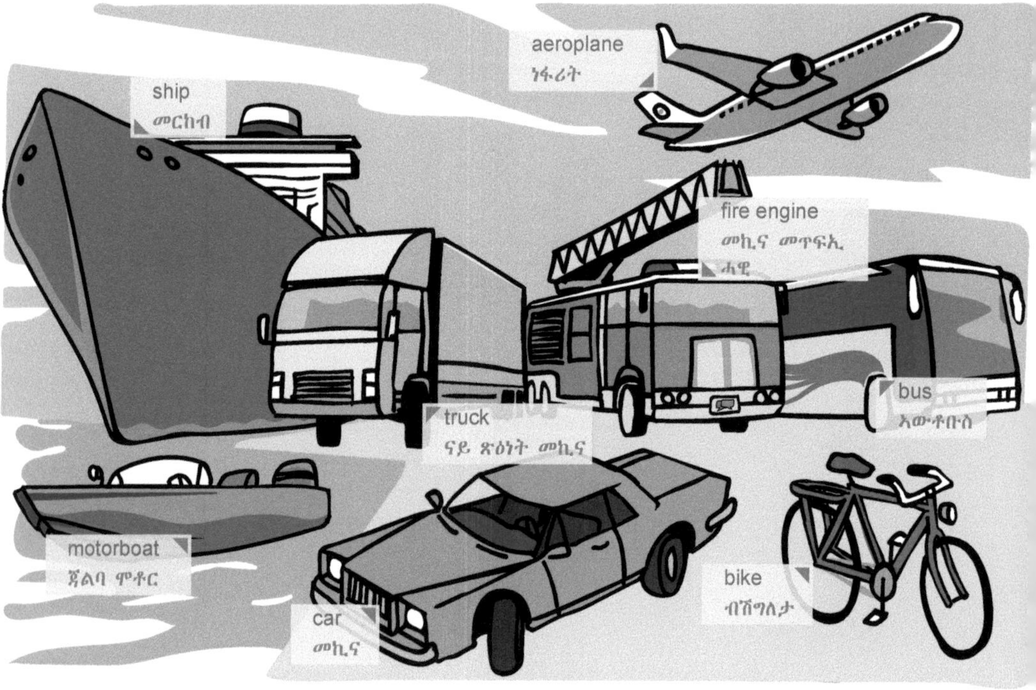
aeroplane
ነፋሪት
ship
መርከብ
fire engine
መኪና መጥፋኢ ሓዊ
truck
ናይ ጽዕነት መኪና
bus
ኣውቶቡስ
motorboat
ጃልባ ሞቶር
car
መኪና
bike
ብሽግለታ

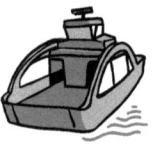

ferry

ፈሪ

boat

ጃልባ

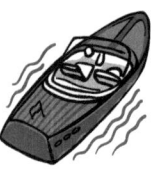

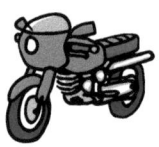

motorbike

ሞቶ

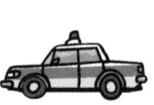

police car

መኪና ፖሊስ

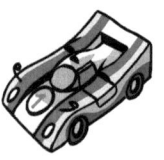

racing car

መኪና ቅድድም

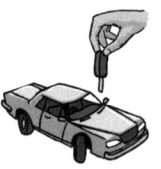

rental car

ክራይ መኪና

car sharing

ምውፋይ መካይን

breakdown truck

መወሰዲ መኪና

refuse truck

መኪና ጎሓፍ

motor

ሞቶር

fuel

ነዳዲ

petrol station

እንዳ ነዳዲ

traffic sign

ምልክት ትራፊክ

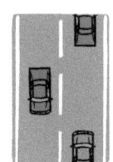

traffic

ትራፊክ

traffic jam

ምጭቕጫቕ ትራፊክ

car park

መዐሸጊ መኪና

train station

መዕረፊ ባቡር

tracks

ሓዲግ

train

ባቡር

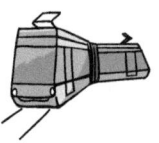

tram

ትረም

carriage

ባጎኒ

helicopter

ሄሊኮፕተር

airport

መዓረፊ ነፈርቲ

tower

ታወር

passenger

ተጐዓዚ

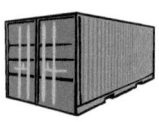

container

ኮንተይነር

carton

ሳንዱቕ ካርቶን

cart

ኮርሳ ጽዕነት

basket

ዘንቢል

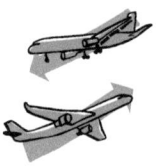

take off / land

ተበገሰ / ዓለበ

city

ከተማ

village

ቁሸት

city centre

ማእከል ከተማ

house

ገዛ

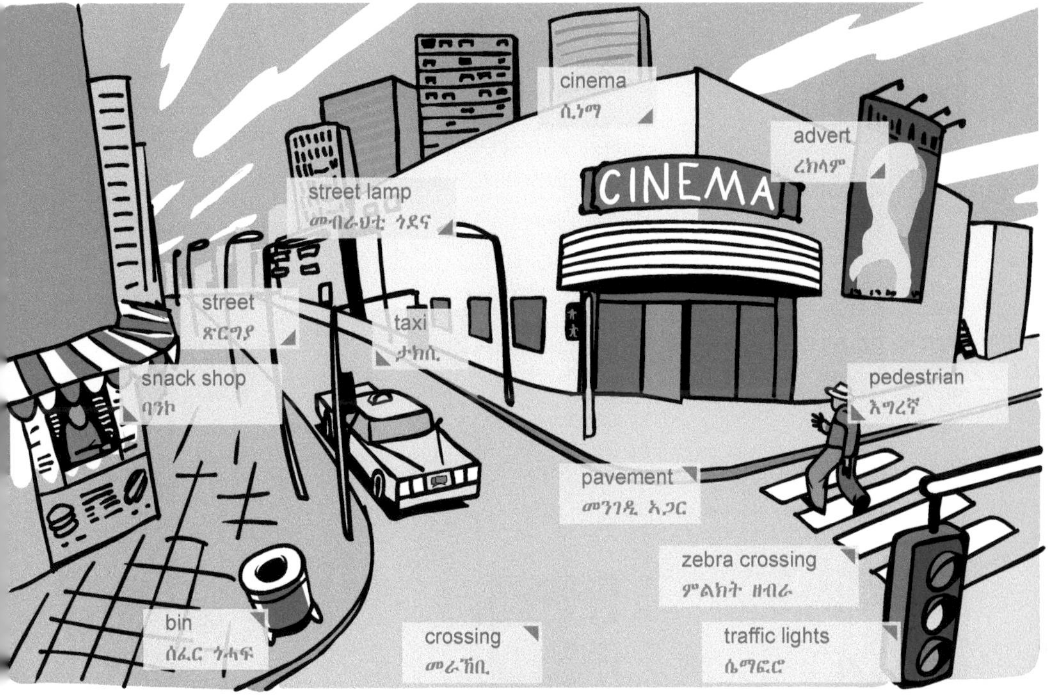

cinema
ሲነማ
advert
ረክላም
CINEMA
street lamp
መብራህቲ ጎደና
street
ጽርግያ
taxi
ታክሲ
snack shop
ባንኮ
pedestrian
እግረኛ
pavement
መንገዲ ኣጋር
zebra crossing
ምልክት ዘብራ
bin
ሰፈር ጎሓፍ
crossing
መራኸቢ
traffic lights
ሴማፎሮ

hut

ኣጕዶ

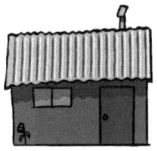

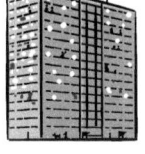

flat

ኣፓርትመንት

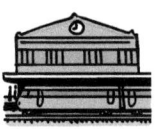

train station

መዕረፊ ባቡር

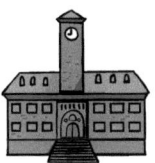

town hall

ቤት ምምሕዳር

MUSEUM

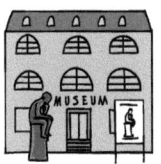

museum

ቤተ መዘክር

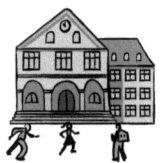

school

ቤት-ትምህርቲ

university

ዩኒቨርሲቲ

bank

ባንክ

hospital

ሆስፒታል

hotel

መቐበሊ ኣጋይሽ

pharmacy

ቤት መድሃኒት

office

ቤት ጽሕፈት

book shop

ዱኳን መጽሓፍቲ

shop

ዱኳን

florist's

ዱኳን ዕንባባ

supermarket

ሱፐርማርከት

market

ዕዳጋ

department store

ሹቕ

fishmonger's

ነጋዳይ ዓሳ

shopping centre

ሹቕ

harbour

መርሳ

park

መዘናግዒ

bench

ባንኪ

bridge

ድልድል

stairs

መደያይቦ

underground

ባቡር ትሕቲ ምድሪ

tunnel

ቢንቶ

bus stop

መዕረፊ ኣውቶቡስ

bar

ቤት መስተ

restaurant

ቤት-መግቢ

postbox

ሰታሪት

street sign

ታቤላ

parking meter

ሰዓት ፓርኪንግ

zoo

መካነ እንስሳታት

swimming pool

መሓምበሲ

mosque

መስጊድ

farm

ቤት ሕርሻ

pollution

ብከላ

graveyard

መቃብር

church

ቤተክርስትያን

playground

ቦታ ምጽዋት

temple

ቤት መቕደስ

landscape

ስእሊ መሬት

signpost
መሕበሪ መገዲ

way
መገዲ

meadow
ሸኻ

stone
እምኒ

tree
ኣግራብ

hiker
ኮብላሊ

river
ፈለግ

grass
ሳዕሪ

flower
ዕንባባ

valley

ስንጭሮ

hill

ጎቦ

lake

ቀላይ

forest

ዱር

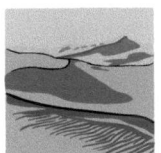

desert

ምድረ በዳ

volcano

እሳተ-ጎመራ

castle

ግምቢ

rainbow

ቀስተ-ደመና

mushroom

ቃንጥሻ

palm tree

ዓርኮብኮባይ

mosquito

ጣንጡ

fly

ሃመማ

ant

ጻጸ

bee

ንህቢ

spider

ሳሬት

beetle

ሕንዚዝ

frog

ዕንቅርዖብ

squirrel

ምጽጹላይ

hedgehog

ቅንፍዝ

hare

ማንቲለ

owl

ጉንጓ

bird

ጭሩ

swan

ስዋን

boar

መፍለስ

deer

ዓጋዘን

moose

ሙስ

dam

ግድብ

wind turbine

ተርባይን ንፋስ

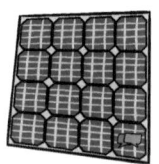

solar panel

ሶላር ስርሓት

climate

ኩነታት ኣየር

restaurant

ቤት-መግቢ

waiter
menu
ካርታ
መግብታት
chair
መንበር
soup
pizza
ፒትሳ
cutlery
መመታተሪ
tablecloth
ክዳን ጣውላ

starter
ቅድመ ቀንዲ መግቢ

main course
ቀንዲ መኣዲ

dessert
ድሕረ መግቢ

drinks
መስተ

food
መግቢ

bottle
ጥርሙዝ

fast food

....

ስሉጥ መግቢ

street food

....

መግቢ ጽርግያ

teapot

....

ብርጭቆ ሻሂ

sugar bowl

....

ታኒካ ሽኮር

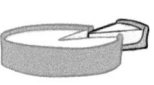

portion

....

ክፋል

espresso machine

....

ማሺን ኤስፕረሶ

high chair

....

ነዊሕ መንበር

bill

....

ጸብጻብ

tray

....

ታብለት

knife

....

ካራ

fork

....

ፋርከታ

spoon

....

ማንካ

teaspoon

....

ማንካ ሻሂ

serviette

....

ሰርቬየተ

glass

....

ብኬሪ

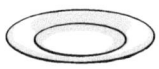

plate

ሽሓኒ

soup plate

ሽሓኒ መረቕ

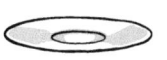

saucer

ትሕቲ ኩባያ

sauce

ጸብሒ

salt pot

ወሃቢ ጨው

pepper mill

መጥሓን በርበረ

vinegar

ኣቸቶ

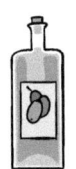

oil

ዘይቲ

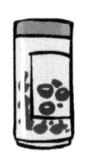

spices

ቀመም

ketchup

ከቹፕ

mustard

ኣድሪ

mayonnaise

ማዮኒዝ

supermarket

ሱፐርማርክት

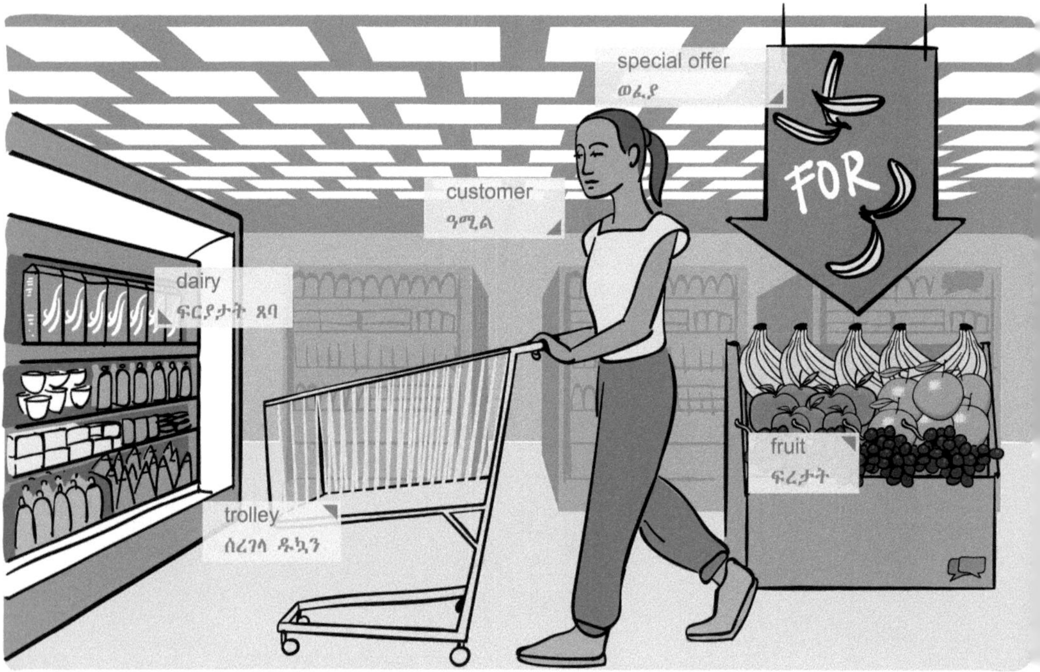

special offer
ወፈያ
FOR
customer
ዓሚል
dairy
ፍርያታት ጸባ
fruit
ፍረታት
trolley
ሰረገላ ዱኳን

BUTCHERS

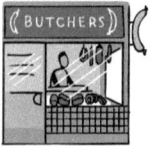

butcher´s

እንዳ ስጋ

BAKERY

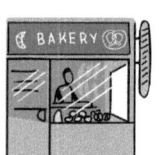

baker´s

እንዳ ባኒ

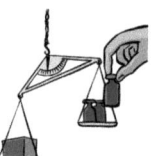

weigh

ክብደት

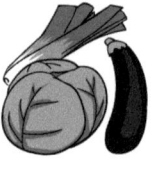

vegetables

ኣሕምልቲ

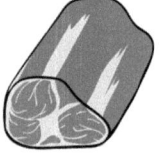

meat

ስጋ

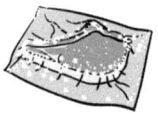

frozen food

መግቢ ፍሪጅ በረድ

cold meat

ዝሑል ቅሩብ መግቢ

tinned food

እስቃጥላ

washing powder

ኣሞ

sweets

ምቁር መግቢ

household products

ዘቤታውያን ኣቕሑ

cleaning products

ናውቲ መጸረዪ

salesperson

ሸቃጣይ

till

ካሳ

cashier

ተሓዝ ገንዘብ

shopping list

ዝርዝር ምግዛእ

opening hours

ክፉት ሰዓታት

wallet

ማሕፉዳ

credit card

ክረዲት ካርድ

bag

ሳንጣ

plastic bag

ፌስታል

drinks

መስተ

water

ማይ

juice

ጽማቕ

milk

ጸባ

coke

ኮላ

wine

ነቢት

beer

ቢራ

alcohol

አልኮል

cocoa

ካካው

tea

ሻሂ

coffee

ቡን

espresso

ኤስፕረሶ

cappuccino

ካፑቺኖ

banana

ባናና

apple

ቱፋሕ

orange

ኣራንሺ

melon

ብርጭቕ

lemon

ለሚን

carrot

ካሮት

garlic

ጻዕዳ ሽጉርቲ

bamboo

ባምቡስ

onion

ሽጉርቲ

mushroom

ቅንጥሻ

nuts

ፋል

noodles

ፓስታ

spaghetti

ስፓገቲ

rice

ሩዝ

salad

ሰላጣ

chips

ቅልዋ ድንሽ

fried potatoes

ቅሉው ድንሽ

pizza

ፒትሳ

hamburger

ሃምቡርገር

sandwich

ፓኒኖ

cutlet

ቢስተካ

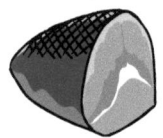

ham

ሰለፍ ሓሰማ

salami

ሳላሚ

sausage

ግዕዝም

chicken

ደርሆ

roast

ቀለወ

fish

ዓሳ

porridge oats

ገዓት

muesli

ሙስሊ

cornflakes

ኮርንፍለይክስ

flour

ሓርጭ

croissant

ክሮሶን

bread roll

ባኒ

bread

ባኒ

toast

ቶስት

biscuits

ብሽኮቲ

butter

ጠስሚ

curd

ርግኦ

cake

ፓስተ

egg

እንቋቑሖ

fried egg

ቅሉው እንቋቑሖ

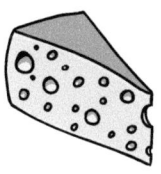

cheese

ፋርማጆ

ice cream

....

አይስ ክሪም

sugar

....

ሽኮር

honey

....

መዓር

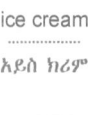

jam

....

ጀም

chocolate spread

....

ኑጋት-ክረም

curry

....

ኩሪ

farm

ቤት ሕርሻ

goat

ጤል

cow

ብዕራይ

calf

ምራኽ

pig

ሓሰማ

piglet

ውላድ ሓሰማ

bull

ኣርሓ

goose

ዓዓ

duck

ማይ ደርሆ

chick

ጫቑት

hen

ደርሆ

cock

ኣርሓ ደርሆ

rat

ኣንጨዋ ዓባይ

cat

ድሙ

mouse

ኣንጭዋ

ox

ብዕራይ

dog

ከልቢ

doghouse

ኣጕዶ ከልቢ

garden hose

ቱባ ጀርዲን

watering can

መዝፈፊ ማይ

scythe

ዓቢ ማዕጺድ

plough

ማሕረሻ

sickle

ማዕጺድ

hoe

ጭኽሮ

pitchfork

መስአ

axe

ፋስ

wheelbarrow

ዓረብያ ኢድ

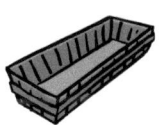

trough

ጋብላ

milk can

ብርጭቆ ጸባ

sack

ክሻ

fence

ሓጹር

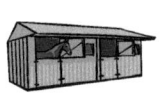

stable

መንሰስ

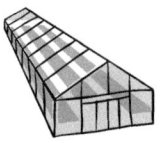

greenhouse

ቆጠልያ ገዛ

soil

ባይታ

seed

ዘርኢ

fertilizer

ድኹዒ

combine harvester

ዘጣምር ቀውዓይ

harvest

ቀውዐ

harvest

ጻማ

yams

ድንሽ ያም

wheat

ስርናይ

soy

ሶያ

potato

ድንሽ

corn

ዕፉን

rapeseed

ራፕስ

fruit tree

ገረብ ፍረታት

cassava

ማኒኦክ

cereals

ኣእኻል

house

ገዛ

living room

....

ክፍሊ ምቕማጥ

bathroom

....

ክፍሊ ባንዮ

kitchen

....

ክሽነ

bedroom

....

ክፍሊ መደቀሲ

child's room

....

ክፍሊ ቆልዑ

dining room

....

መመገቢ ክፍሊ

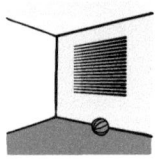

floor

ባይታ

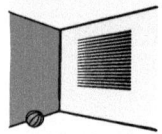

wall

መንደቕ

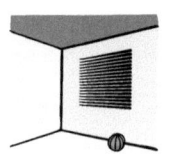

ceiling

ከቦርታ

cellar

ካንቲና

sauna

ሳውና

balcony

ባልኮን

terrace

ዛላ

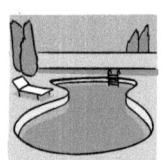

pool

መሕምበሲ

lawn mower

መቑረጺ ሳዕሪ

sheet

ኣንሶላ ዓራት

bedspread

ከቦርታ ዓራት

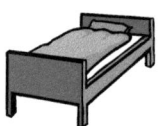

bed

ዓራት

broom

መኾስተር

bucket

መገለል

switch

መወልዒት

living room
ክፍሊ ምቕማጥ

carpet

መንጸፍ

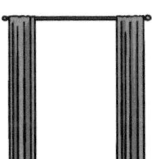

curtain

መጋረጃ

table

ጣውላ

chair

መንበር

rocking chair

ሰለል ዝብል መንበር

armchair

መንበር ምቹእ

book

መጽሓፍ

blanket

ከቦርታ

decoration

ስልማት

firewood

እንጨይቲ ሓዊ

film

ፊልም

hi-fi equipment

ስተረዮ

key

መፍትሕ

newspaper

ጋዜጣ

painting

ቕብኣ

poster

ፖስተር

radio

ረድዮ

notepad

ጥራዝ

hoover

መልገሲ ደሮና

cactus

በለስ

candle

ሽምዓ

kitchen
ክሽነ

fridge
መዝሓሊ
microwave oven
ሚክሮቨላ
kitchen scales
ሚዛን ክሽነ
toaster
ቶስተር
detergent
መጽረዩ
oven
እቶን
freezer
መዝሓሊ በረድ
dishwasher
መጽረዩ ኣቕሑ
መግቢ

cooker

መኽሸኒ

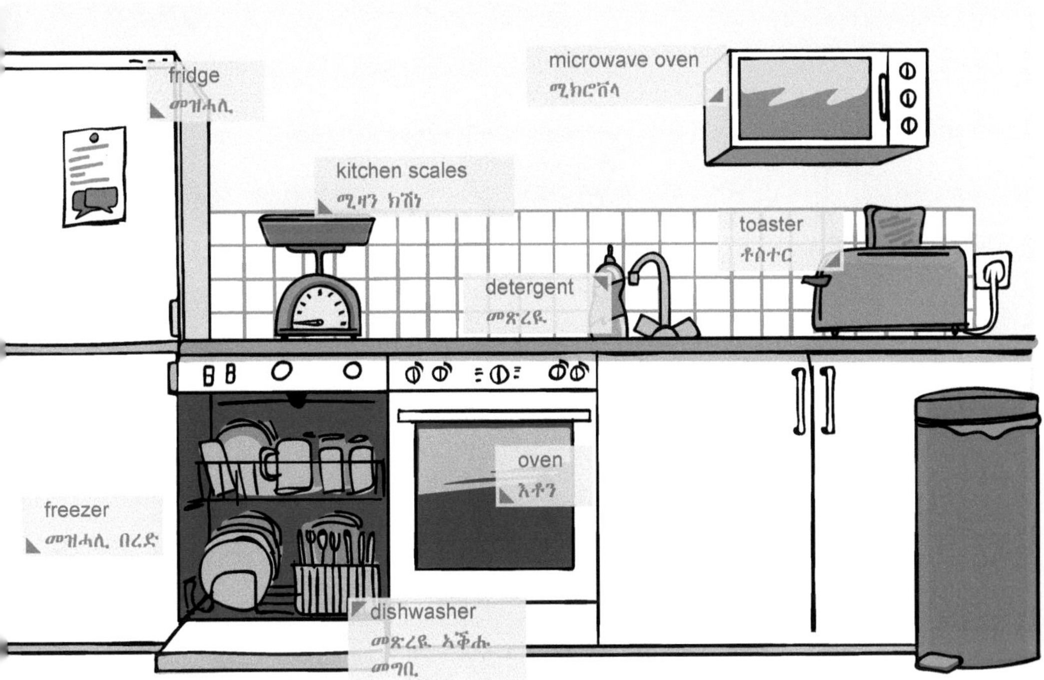

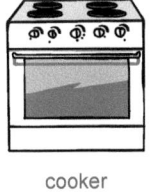

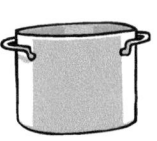

pot

ድስቲ

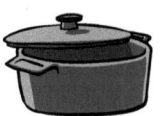

cast-iron pot

ድስቲ ሓጺን

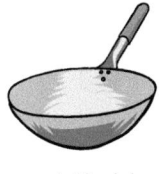

wok / kadai

ቮክ/ካዳይ

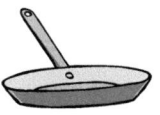

pan

ባደላ

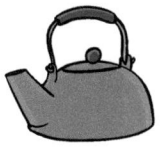

kettle

መውዓዪ ማይ

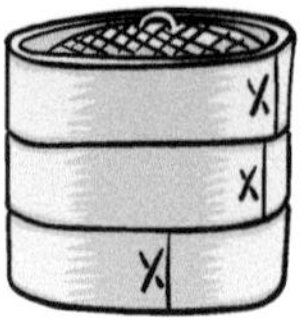

steamer

መፍልሒ

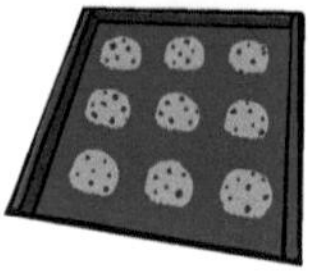

baking tray

ጓንቴራ ምስንካት

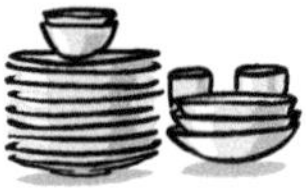

crockery

ኣቑሑ መግቢ

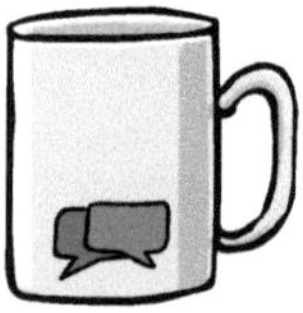

mug

ብርጭቆ

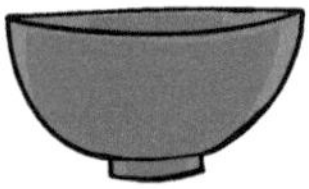

bowl

ጭሓሎ

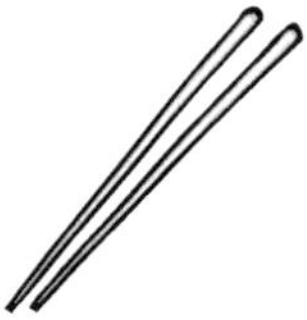

chopsticks

ማንካቺና

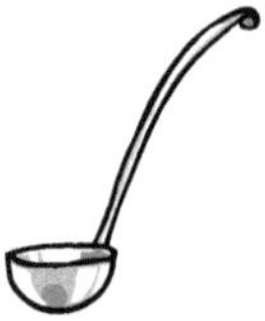

ladle

ማንካ መረቕ

spatula

መገልበጢ ባደላ

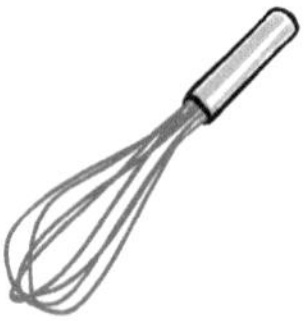

whisk

መኾስተር ውርጪ

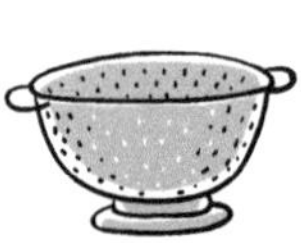

strainer

መንፊት መግቢ

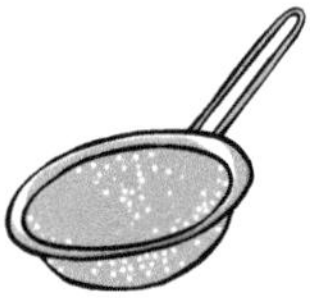

sieve

መንፊት

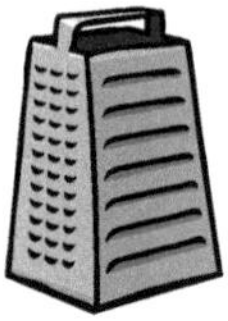

grater

መፋሕፍሒ

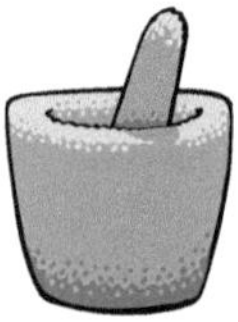

mortar

ሞርታር

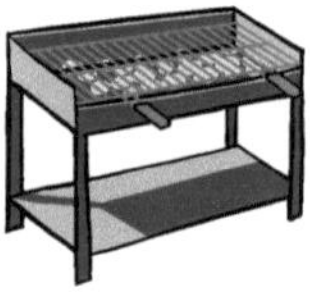

barbecue

ባርቢክዩ

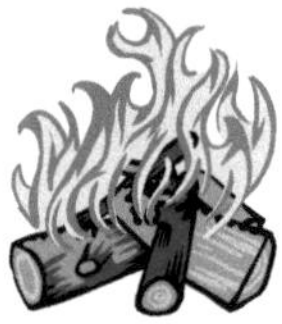

open fire

ስፍራ ሓዊ

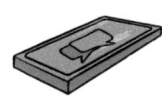

chopping board

....

እንጨይቲ ምምታር

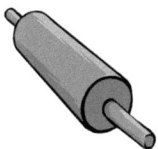

rolling pin

....

እንጨይቲ ኩረር

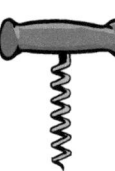

corkscrew

....

መኸፈት ቡሽ

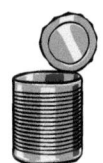

can

....

ታኒካ

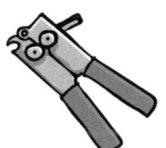

can opener

....

መኽፈቲ ታኒካ

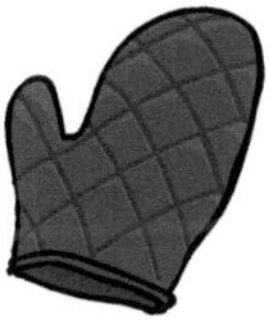

pot holder

....

ጨርቂ ድስቲ

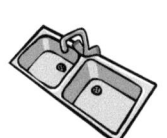

sink

....

ቡምባ

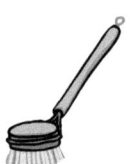

brush

....

ኣስባስላ

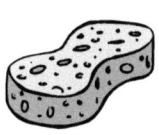

sponge

....

ሰፍነግ

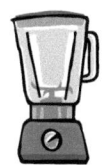

blender

....

ሓዋሲ ኣደባላቒ

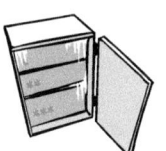

deep freezer

....

መዝሓሊ በረድ

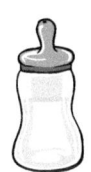

baby bottle

....

ጥርሙዝ ማማይ

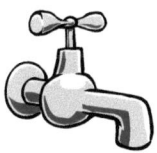

tap

....

ቡምባ ማይ

bathroom

ክፍሊ ባንዮ

heating
መውዓዪ
shower
መሕጸቢ ሻወር
towel
ሽጎማኖ
shower curtain
ሻወር መጋረጃ
bubble bath
መሕጸቢ ዓፍራ
bathtub
glass
ብኬሪ
washing machine
ሓጻቢት
tap
ቡምባ ማይ
tiles
ማቶነላ
potty
ድስቲ
sink
ቡምባ

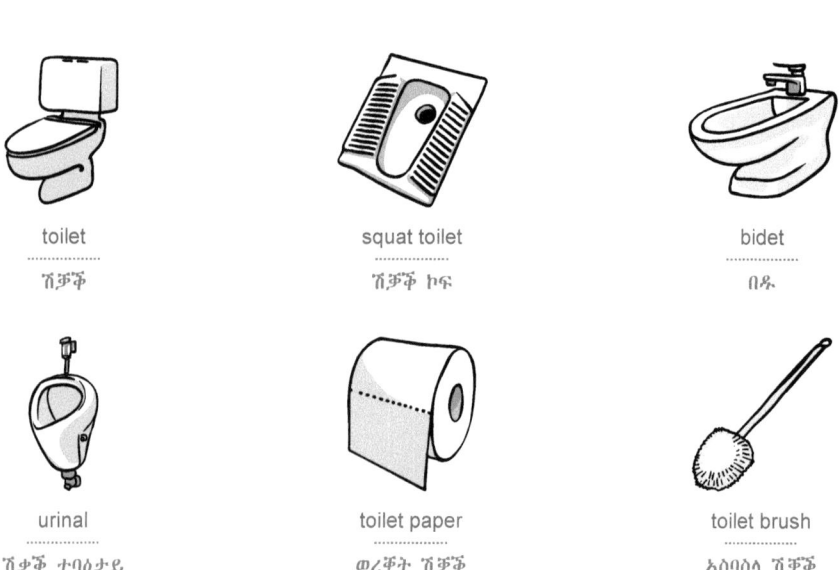

toilet

ሽቓቕ

squat toilet

ሽቓቕ ኮፍ

bidet

በዱ

urinal

ሽቓቕ ተባዕታይ

toilet paper

ወረቐት ሽቓቕ

toilet brush

ኣስባስላ ሽቓቕ

toothbrush

ኣስባስላ ስኒ

toothpaste

ክሬማ ስኒ

dental floss

ሃሪ ስኒ

wash

ሓጸበ

handheld shower

ዱሽ ኢድ

douche

ዱሽ

basin

ብርጭቆ ምሕጻብ

back brush

ኣስባስላ ሕቖ

soap

ሳምና

shower gel

ሻወር ጀል

shampoo

ሻምፑ

flannel

ጨርቂ መሕጸቢ

drain

መውሓዚ

cream

ክሬማ

deodorant

ደዮ ጨና

mirror

....

መስትያት

hand mirror

....

ናይ ኢድ መስትያት

razor

....

መላጸ

shaving foam

....

ዓፍራ ምልጻይ

aftershave

....

ጨና ድሕሪ ምልጻይ

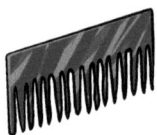

comb

....

መመሸጥ

brush

....

ኣስባስላ

hair dryer

....

መንቐጺ ጸጉሪ

hairspray

....

ስፕረይ ጸጉሪ

makeup

....

መመላኽዒ

lipstick

....

ብርዒ ቀለም ከንፈር

nail varnish

....

ኣዝማልቶ

cotton wool

....

ጸምሪ ጡጥ

nail scissors

....

መስደዲ ጽፍሪ

perfume

....

ጨና

washbag

....

ሳንጣ መሕጸቢ

stool

....

ድኳ

weighing scale

....

ሚዛን

bathrobe

....

ክዳን መሕጸቢ

rubber gloves

....

ጓንቲ መጸረዪ

tampon

....

ታምፖን

sanitary towel

....

ጨርቂ ሰበይቲ

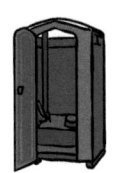

chemical toilet

....

ሽቓቕ ከሚስትሪ

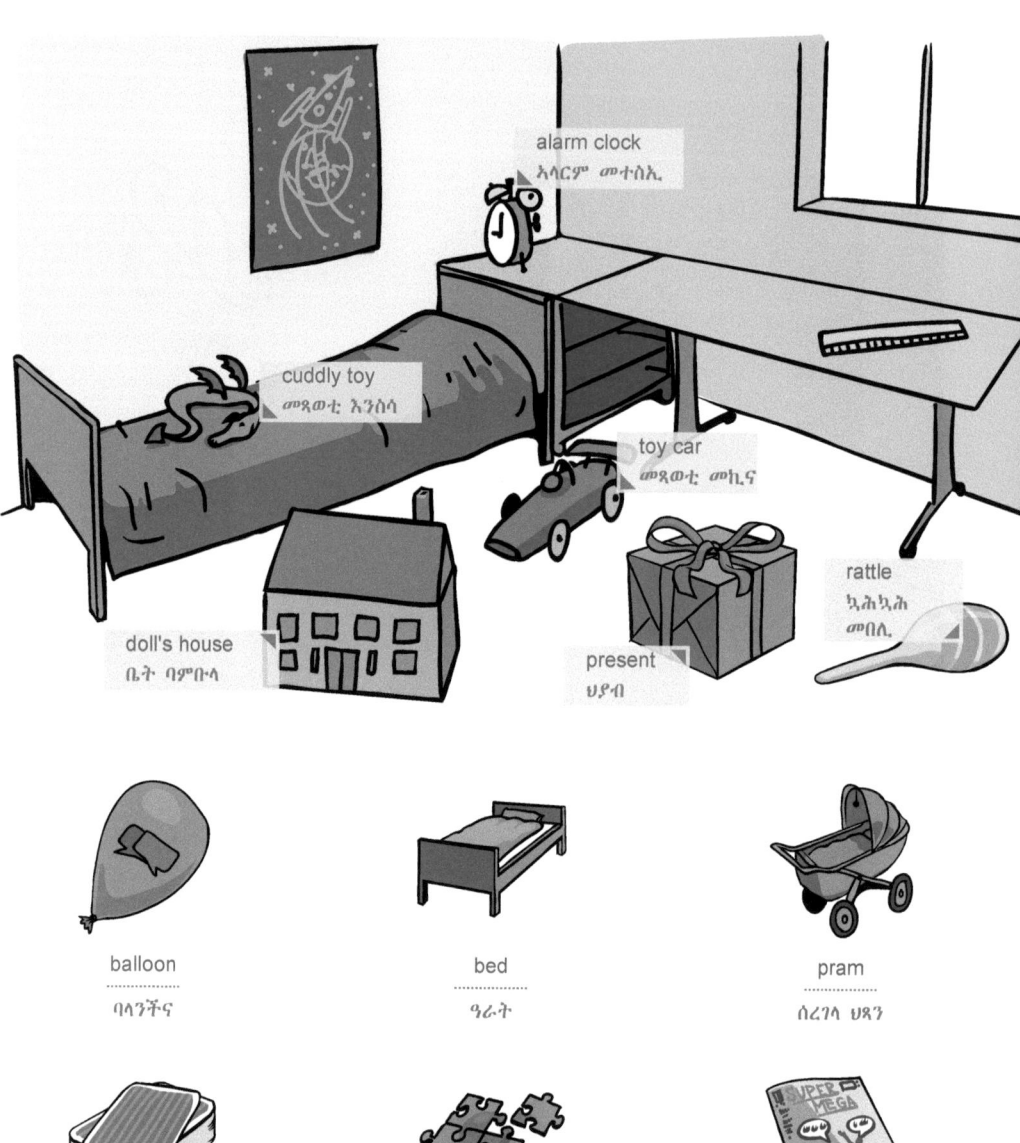

alarm clock
ኣላርም መተስኢ

cuddly toy
መጻወቲ እንስሳ

toy car
መጻወቲ መኪና

rattle
ኳሕኳሕ መበሊ

doll's house
ቤት ባምቡላ

present
ህያብ

balloon
ባላንችና

bed
ዓራት

pram
ሰረገላ ህጻን

deck of cards
ጸወታ ካርታ

jigsaw
ሕንቅሊተይ

comic
ኮሜዲ

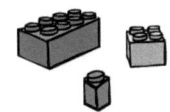

lego bricks

....

እምንታት መጻወቲ ለጎ

building blocks

....

መጻወቲ እምንታት

action figure

....

በዓል ኣክቸን

babygrow

....

ክዳን ማማይ

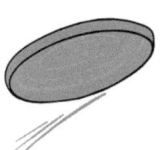

frisbee

....

ፍሪስቢ

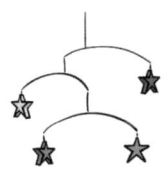

mobile

....

ሞባይል ማማይ

board game

....

ጸወታ ሰሌዳ

dice

....

ኩቦ

model train set

....

ሞደል ባቡር ምድሪ

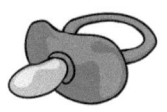

dummy

....

ዓባስ

party

....

ፓርቲ

picture book

....

መጽሓፍ ስእሊ

ball

....

ኩዕሶ

doll

....

ባምቡላ

play

....

ተጻወተ

sandpit

መጻወቲ ሑጻ

swing

ሰላል

toys

መጻወቲታት

video game console

ኮንሶል ቪድዮ

tricycle

መጻወቲ ሰለስተ መንኮርኮር

teddy bear

ተዲ

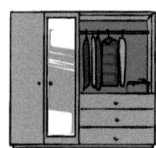

wardrobe

ክብሒ ክዳን

clothing

ክዳን

socks

ካልስታት

stockings

ነዊሕ ካልስታት

tights

ስረ ካልሲ

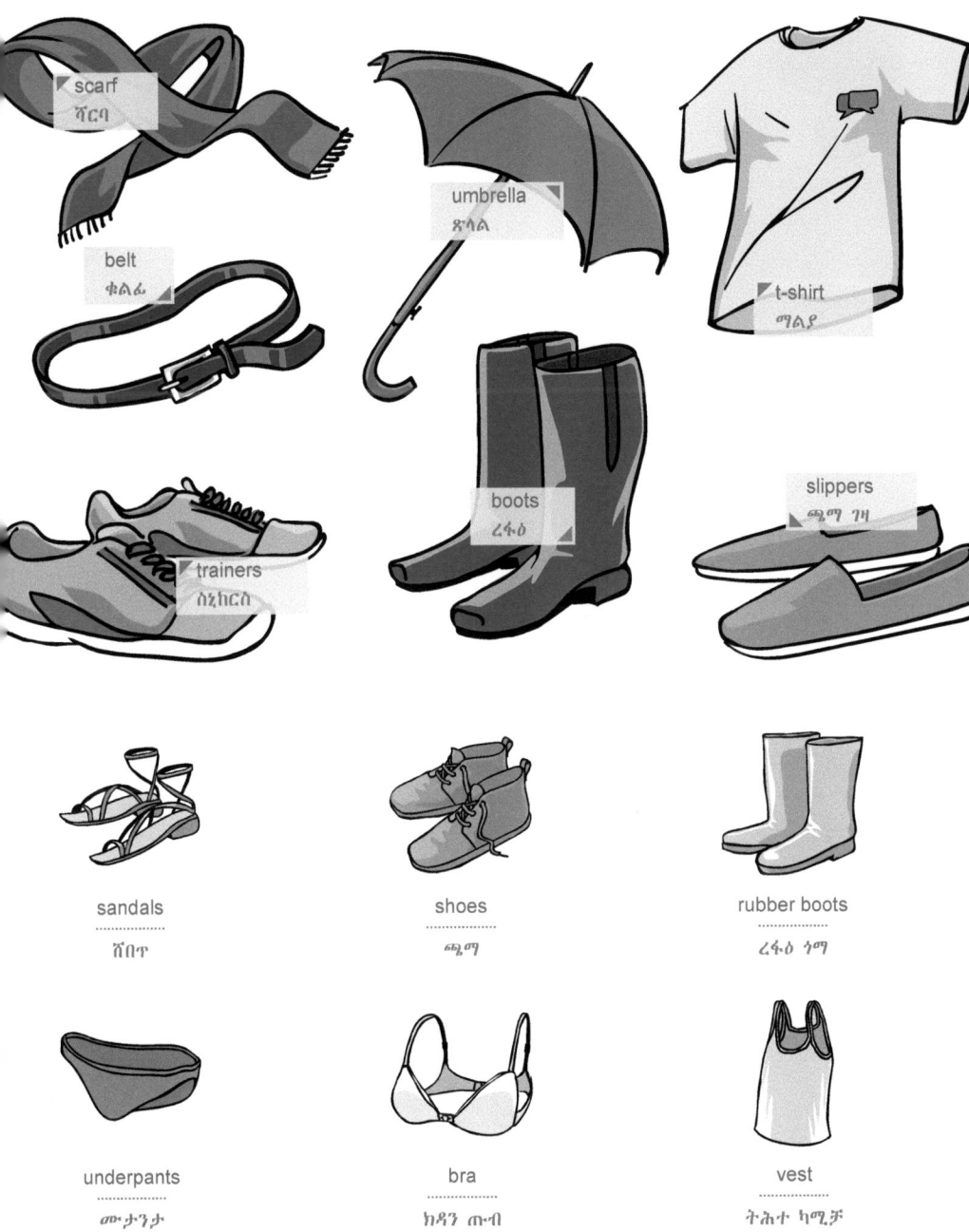

sandals

ሸበጥ

shoes

ጫማ

rubber boots

ረፋዕ ጎማ

underpants

ሙታንታ

bra

ክዳን ጡብ

vest

ትሕተ ካሚቻ

body

ቦዲ

trousers

ስረ

jeans

ጂንስ

skirt

ቀምሽ

blouse

ካምቻ

shirt

ካሚቻ

pullover

ጉልፎ

hoodie

ጎልፎ

blazer

ጃኬት

jacket

ጃከት

coat

ጁባ

raincoat

ክዳን ዝናብ

costume

ኮስቱም

dress

ቀምሽ

wedding dress

ቀምሽ መርዓ

suit

ልብሲ

nightgown

ካሚቻ ለይቲ

pyjamas

ክዳን ለይቲ

sari

ሳሪ

headscarf

መሃረብ ርእሲ

turban

ቱርባን

burqa

ቡርካ

kaftan

ካፍታን

abaya

ኣባያ

swimsuit

ክዳን መሕምበሲ

trunks

ስረ መሕምበሲ

shorts

ሓጺር ስረ

tracksuit

ክዳን ታዕሊም

apron

በጃ ክዳን

gloves

ጓንቲ

button

መልጎም

glasses

መነጽር

bracelet

በንናጅር

necklace

ማዕተብ

ring

ቀለበት

earring

ኩትሻ

cap

ቆብዕ

coat hanger

መንበሪ ጁባ

hat

ባርኔጣ

tie

ካርራቫት

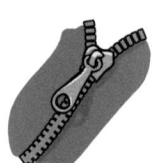

zip

ሻርነጣ

helmet

ሀልመት

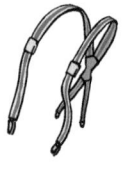

braces

መድልደል ስረ

school uniform

ድቢዛ ቤትትምህርቲ

uniform

ድቢዛ

bib

ሰደርያ ቆልዓ

dummy

ዓባስ

nappy

ጨርቂ ማማይ

office

ቤት ጽሕፈት

server
ሰርቨር
filing cabinet
ከብሒ ሰነድ
printer
ፕሪንተር
paper
monitor
ሞኒቶር
mouse
ኣንጭዋ
desk
ጣውላ
ምጽሓፍ
folder
keyboard
ኪቦርድ
waste-paper basket
ጎሓፍ ወረቐት
computer
ኮምፒተር
chair
መንበር

coffee mug

ብርጭቆ ቡን

calculator

ካልኩለተር

internet

ኢንተርነት

laptop

....

ለፕቶፕ

letter

....

ደብዳበ

message

....

መልእኽቲ

mobile

....

ሞባይል

network

....

ነትወርክ/መርበብ

photocopier

....

መቅድሒ ፎቶኮፒ

software

....

ሶፍትዌር

telephone

....

ተለፎን

plug socket

....

ሶከት ኳረንቲ

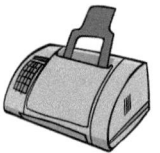

fax machine

....

ፋክስ

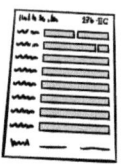

form

....

ፎርም

document

....

ሰነድ

economy

ቍጠባ

buy

ገዝአ

pay

ከፈለ

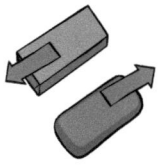

trade

ንግዲ

money

ገንዘብ

dollar

ዶላር

euro

ኦይሮ

yen

የን

rouble

ሩብል

Swiss franc

ስዊዝ ፍራንክን

renminbi yuan

ረንሚንቢ ዩዋን

rupee

ሩፒየ

cashpoint

መውጽኢ ማሺን ገንዘብ

bureau de change

ቦታ ቅያር ገንዘብ

gold

ወርቂ

silver

ብሩር

oil

ዘይቲ

energy

ሓይሊ

price

ዋጋ

contract

ውዕል

tax

ቀረጽ

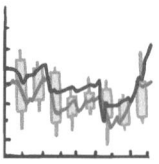

stock

እኩብ ጥረ-ነገራት

work

ሰርሐ

employee

ሰራሕተኛ

employer

አስራሒ

factory

ትካል

shop

ዱኳን

police officer
በዓል ፖሊስ

fireman
መጠፊኢ
ሓዊ

pilot
መራሒ ነፋሪት

cook
ከሻኒ

doctor
ሓኪም

gardener

ሰራሕትኛ ጀርዲን

carpenter

ጸራቢ ዕንጸይቲ

seamstress

ሰፋይት

judge

ፈራዳይ

chemist

ቀማሚ

actor

ተዋሳኢ

bus driver

....

መራሒ ኣዉቶቡስ

taxi driver

....

ኣውቲስታ ታክሲ

fisherman

....

ገፋፊ ዓሳ

cleaning lady

....

ጸራጊት

roofer

....

ሃናጻይ ናሕሲ

waiter

....

ኣሰላፊ

hunter

....

ሃዳናይ

painter

....

ሰኣላይ

baker

....

እንዳ ሕብስቲ

electrician

....

ኤለትሪከኛ

builder

....

ሃናጺ ኣባይቲ

engineer

....

ሃንዳሲ

butcher

....

ሰራሕተኛ እንዳ ስጋ

plumber

....

ድራብሊኮ

postman

....

ኣማላላሲ ፖስጣ

soldier

ወተሃደር

architect

መሃንድስ

cashier

ተሓዝ ገንዘብ

florist

ሰራሕተኛ ዕምባባ

hairdresser

ቀምቃማይ

conductor

ፈተሪኖ

mechanic

መካኒክ

captain

መራሒ መርከብ

dentist

ሓኪም ስኒ

scientist

ተመራማሪ

rabbi

ራቢ

imam

ኢማም

monk

ፈላሲ

clergyman

ቀሺ

tools

ናውቲ

hammer
pliers
ጉጤት
screwdriver
ዘዋር መስኒ
spanner
መፋትሕ
torch
ላምፓዲና

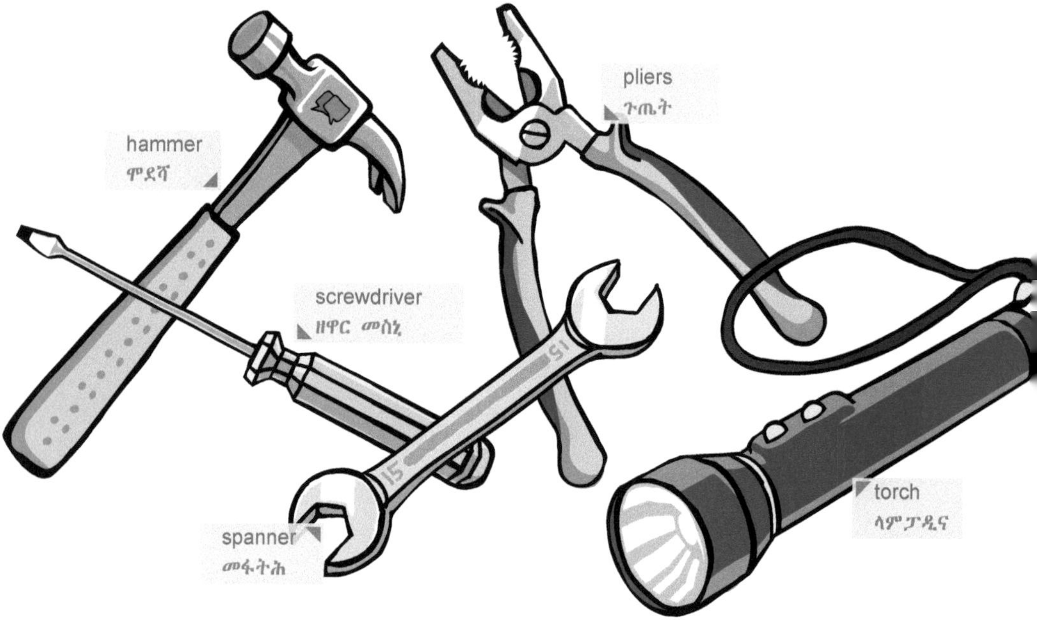

digger

ፈሓሪ

toolbox

ናውቲ ቦክስ

ladder

መደያይቦ

saw

መጋዝ

nails

መስማር

drill

ኰዓቲ

repair

ምዕራይ

shovel

ባደላ

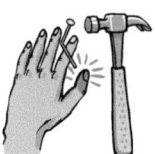

Damn!

ኣይ!

dustpan

መትሓዚ ዶሮና

paint pot

ድስቲ ቀለም

screws

ካቻቢ.ተ

musical instruments

መሳርሒ ሙዚቃ

double bass
ረጕድ ዓባይ ጊታር

drum kit
ከቦሮታት

trumpet
ትሮምፐት

loudspeaker
እስፒከር

guitar
ጊታር

piano

ፒያኖ

violin

ቪዮሊን

bass

ባስ ጊታር

timpani

ቲምንኢ

drums

ከቦሮ

keyboard

ኦርጋን

saxophone

ሳክሶፎን

flute

ሻምብቆ

microphone

ሚክሮፎን

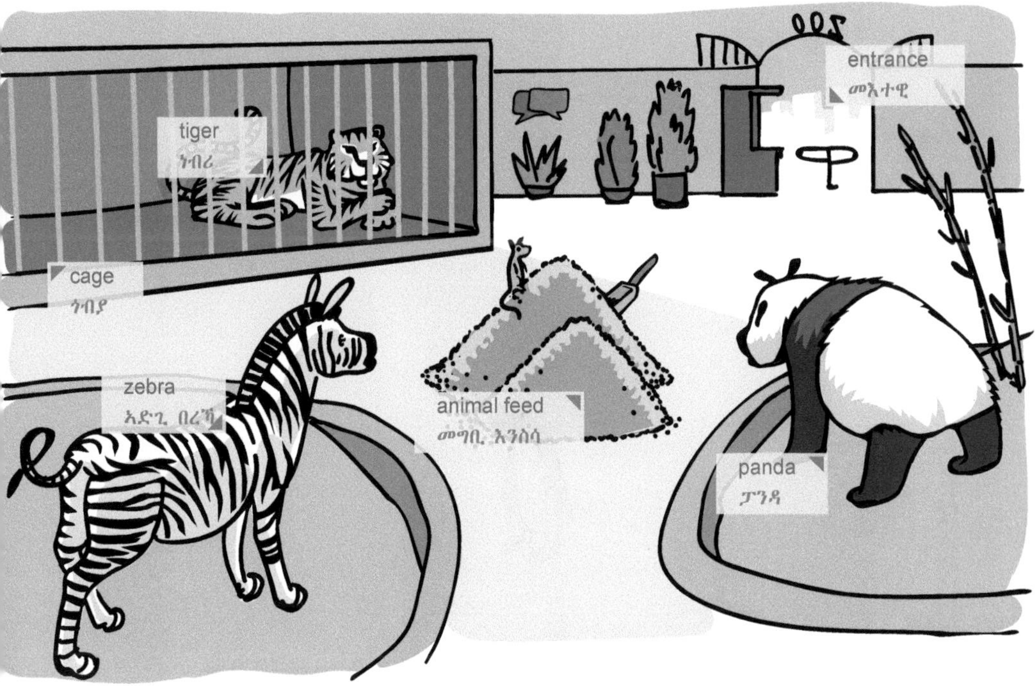

entrance
መእተዊ
tiger
ነብሪ
cage
ጎብያ
zebra
ኣድጊ በረኻ
animal feed
መግቢ እንስሳ
panda
ፓንዳ

animals

እንስሳታት

elephant

ሓርማዝ

kangaroo

ካንጋሩ

rhino

ሓሪሽ

gorilla

ጉሪላ

bear

ድቢ

camel

ገመል

ostrich

ሰገን

lion

ኣንበሳ

monkey

ህበይ

flamingo

ፍላሚንጎ

parrot

ሕንጻይ

polar bear

ድቢ በረድ

penguin

ፐንጉን

shark

ከልቢ ዓሳ

peacock

ጣውስ

snake

ተመን

crocodile

ሓርገጽ

zookeeper

ሓላዊ ቤት ገርድሽ

seal

ዓሳ ዚምገብ እንስሳ ባሕሪ

jaguar

ጃጓር

pony

ሓጺር ፈረስ

leopard

ነብሪ

hippo

ጉማረ

giraffe

ጂራፍ

eagle

ሊላ

boar

መፍለስ

fish

ዓሳ

turtle

ጎብየ

walrus

ዋልሩስ

fox

ወኻርያ

gazelle

ሰስሓ

sports
ስፖርት

cycling
ምዝዋር ብሽግለታ
tennis
ተኒስ
basketball
ባስከትባል
swimming
ምሕምባስ
boxing
ቦክሲንግ
ice hockey
ሆኪ በረድ

football

ኲዕሶ እግሪ

badminton

ባድሚንቶን

athletics

እስፖርታዊ ንጥፈታት

handball

ኲዕሶ ኢድ

skiing

ስኪ

polo

ፖሎ

activities

ንጥፈታት

jump
ነጠረ
hug
ሓቖፈ
laugh
ሰሓቐ
walk
ከደ
sing
ደረፈ
dream
ሓለመ
pray
ጸለየ
kiss
ሰዓመ

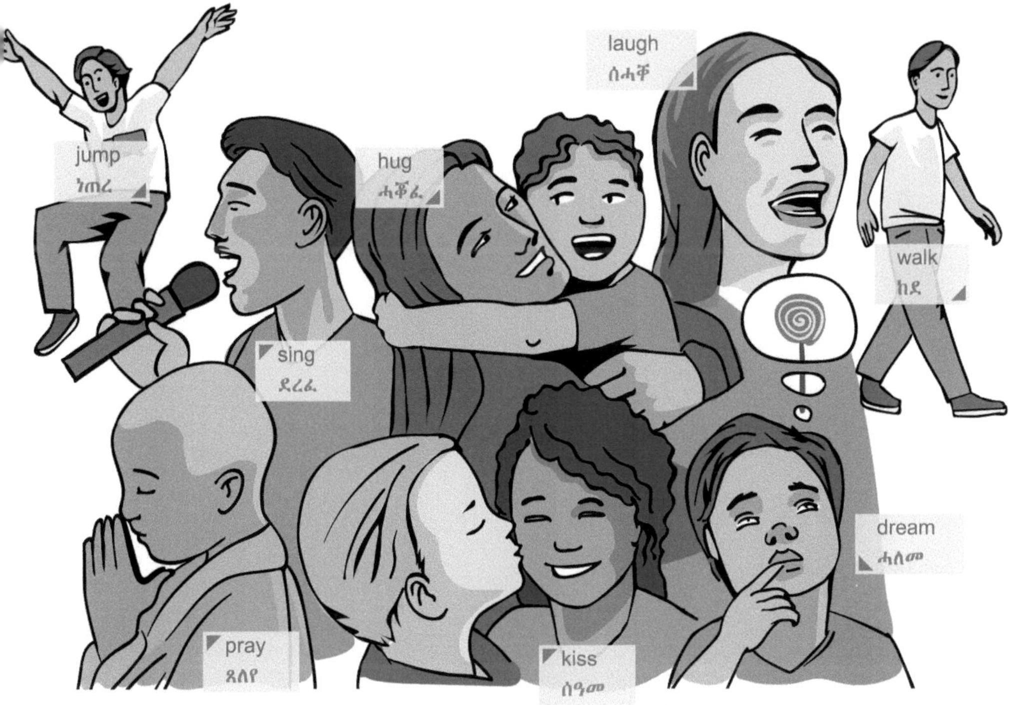

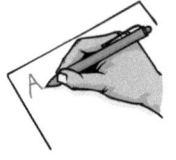

write
ጸሓፈ

draw
ሰኣለ

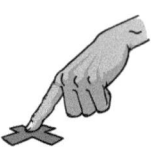

show
ኣርኣየ

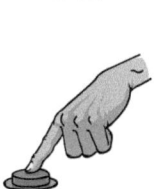

push
ደፍአ

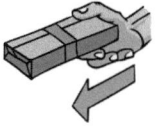

give
ሃበ

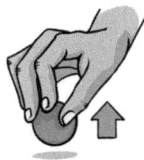

take
ወሰደ

have

አለወ

do

ገበረ

be

ኮነ

stand

ጠጠው በለ

run

ጎየየ

pull

ሰሓበ

throw

ሰንደወ

fall

ወደቐ

lie

ሓሰወ

wait

ተጸበየ

carry

ሰከም

sit

ኮፍ በለ

get dressed

ተኸድነ

sleep

ደቀሰ

wake up

ተስአ

look at

ረኣየ

cry

በኸየ

stroke

ብኣጻብዑ ደረዘ

comb

መሸጠ

talk

ተዛረበ

understand

ተረድአ

ask

ሓተተ

listen

ሰምዐ

drink

ሰተየ

eat

በልዐ

tidy up

ኣቐመጠ

love

ኣፍቀረ

cook

ከሸነ

drive

ዘወረ

fly

ነፈረ

sail

ብመርከብ ገየሸ

calculate

ደመረ

read

ኣንበበ

learn

ተመሃረ

work

ሰርሐ

marry

መርዓወ

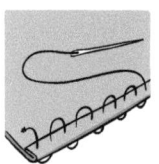

sew

ሰፈየ

brush teeth

ጽሬት ኣስናን

kill

ቀተለ

smoke

ሽጋራ ተከኸ

send

ሰደደ

grandmother
ዓባየ

grandfather
አቦሓጎ

father
አቦ

mother
አደ

baby
ማማይ

daughter
ጓል

son
ወዲ

guest

ጋሻ

aunt

ሓትኖ

uncle

አኮ

brother

ሓው

sister

ሓፍቲ

body

ኣካላት

forehead
ግንባር
eye
ዓይኒ
face
ገጽ
chin
መንከስ
breast
ኣፍ-ልቢ
finger
ኣጻብዕ
hand
ኢድ
arm
ምናት
shoulder
መንኩብ
leg
ሸፋን እግሪ

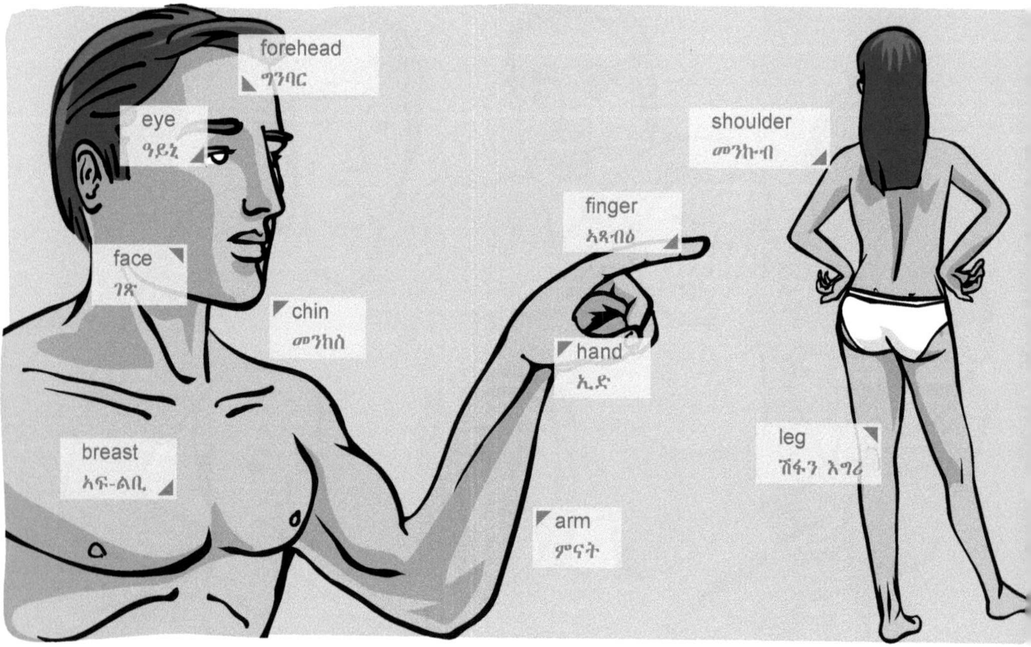

baby

ማማይ

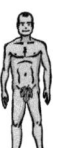

man

ሰብኣይ

woman

ሰበይቲ

girl

ጓል

boy

ወዲ

head

ርእሲ

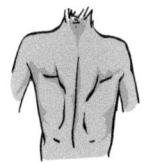

back

ሕቖ

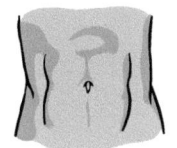

belly

ከስዐ

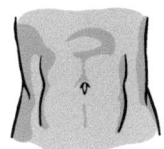

belly button

ሕምብርቲ

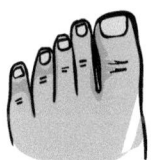

toe

ኣጻብዕ እግሪ

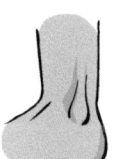

heel

ኩርኾረ

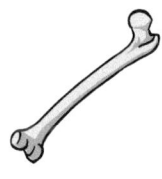

bone

ዓጽሚ

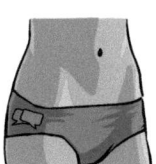

hip

ምሕኵልቲ

knee

ብርኪ

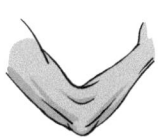

elbow

ፎግፎ

nose

ኣፍንጫ

bottom

መዓኮር

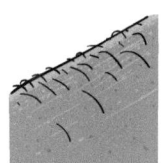

skin

ቆርበት

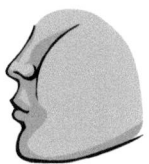

cheek

ምዕጉርቲ

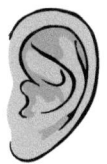

ear

እዝኒ

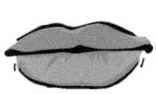

lip

ከንፈር

mouth

ኣፍ

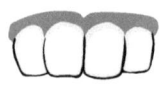

tooth

ስኒ

tongue

መልሓስ

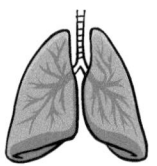

brain

ሓንጎል

heart

ልቢ

muscle

ጭዋዳ

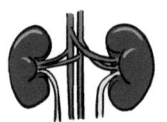

lung

ሳንቡእ

liver

ጸላም ከብዲ

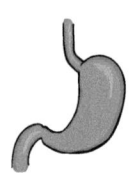

stomach

ከብዲ

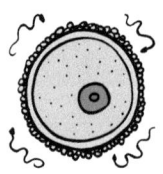

kidneys

ኩሊት

sex

ግብረ ስጋ

condom

ኮንዶም

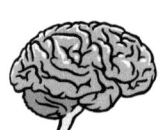

ovum

እንቋቑሖ

semen

ዘርኢ ተባዕታይ

pregnancy

ጥንሲ

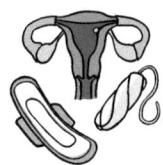

menstruation

ጽግያት

vagina

ርሕሚ

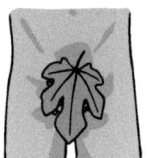

penis

መትሎ

eyebrow

ሸፋሽፍቲ

hair

ጸግሪ

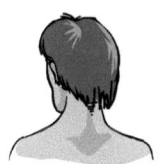

neck

ክሳድ

hospital
ሆስፒታል

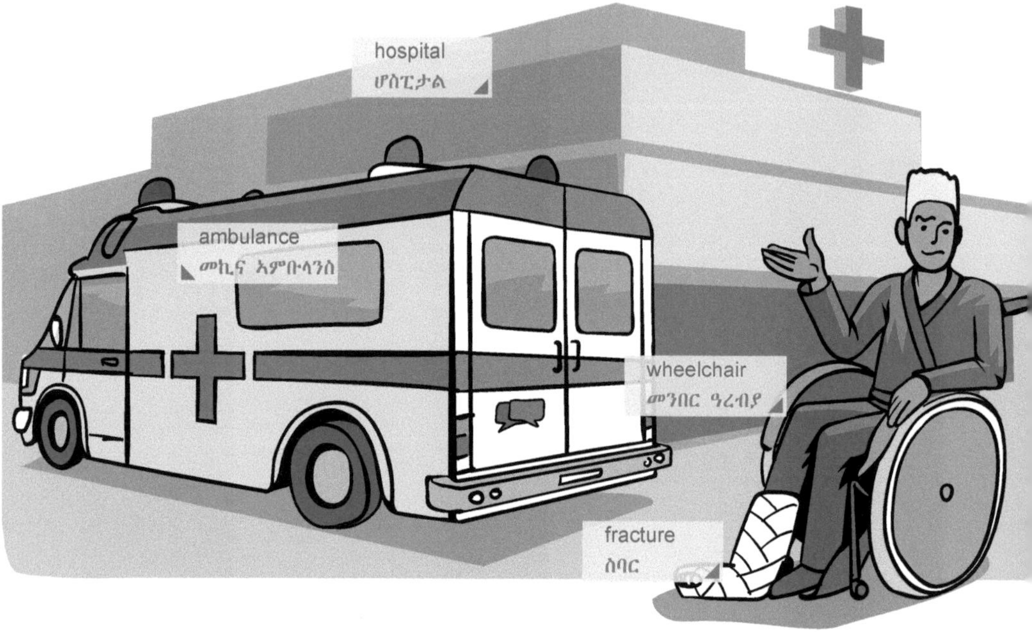

ambulance
መኪና ኣምቡላንስ
wheelchair
መንበር ዓረብያ
fracture
ስባር

doctor
.....
ሓኪም

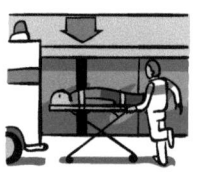

emergency room
.....
ክፍሊ ህጹጽ ረድኤት

nurse
.....
ኣላይት

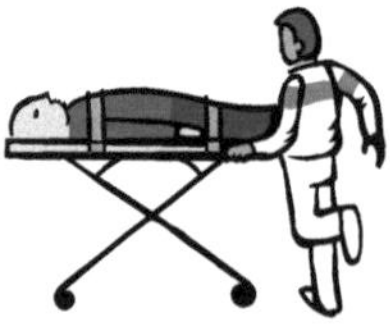

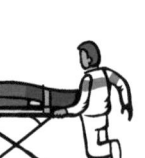

emergency
.....
ህጹጽ ኩነት

unconscious
.....
ውነኡ ዘጥፍአ

pain
.....
ቃንዛ

injury

ጉድኣት

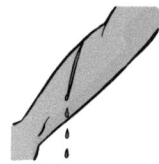

bleeding

ደም

heart attack

ማህረምቲ

stroke

ማህረምቲ

allergy

ኣለርጂ

cough

ሰዓል

fever

ረስኒ

flu

ኡንፍልወንዛ

diarrhoea

ውጽኣት

headache

ቃንዛ ርእሲ

cancer

መንሽሮ

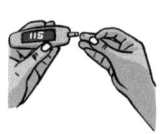

diabetes

ሹኮርያ

surgeon

ሓኪም መጥባሕቲ

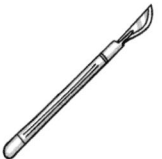

scalpel

መጥብሒ

operation

መጥባሕቲ

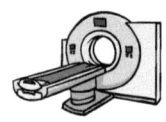

CT

CT

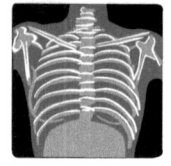

x-ray

ራጂ

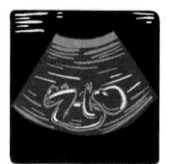

ultrasound

ልዕለ ድምጻዊ

face mask

መሸፈኒ ገጽ

disease

ሕማም

waiting room

ክፍሊ ምጽባይ

crutch

ምርኩስ

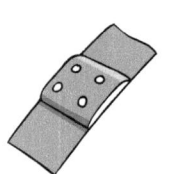

plaster

መጀነኒ ቈስሊ

bandage

መጀነኒ

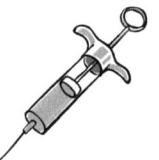

injection

መርፍዕ ምውጋእ

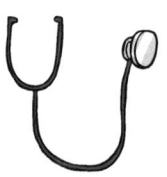

stethoscope

ስተቶስኮፕ

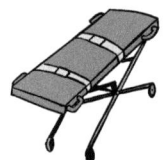

stretcher

መሰከሚ ሕማም

clinical thermometer

ቴርሞመተር

birth

ትውልዲ

overweight

ልዕለ-ሚዛን

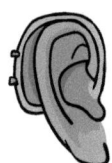

hearing aid

ሓገዝ ምስማዕ

disinfectant

ኣንጻሂ

infection

ልበዳ

virus

ቫይረስ

HIV / AIDS

ኤድስ

medicine

ሕክምና

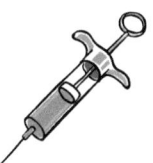

vaccination

ክታበ

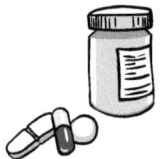

tablets

ከኒና

pill

ከኒና

emergency call

ህጹጽ ምድዋል

blood pressure monitor

መዕቀኒ ጸቕጢ ደም

ill / healthy

ሕሙም / ጥዑይ

emergency

ህጹጽ ኩነት

Help!

ሓገዝ

alarm

ኣላርም

assault

ምህጃም

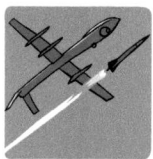

attack

መጥቃዕቲ

danger

ድንገት

emergency exit

ህጹጽ መውጽኢ

Fire!

ሓዊ!

fire extinguisher

መጥፍኢ ሓዊ

accident

ሓደጋ

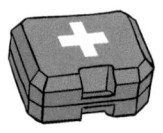

first-aid kit

ሳንጣ ቀዳማይ ረድኤት

SOS

SOS

police

ፖሊስ

Earth

ምድሪ

Europe

ኤውሮጳ

North America

ሰሜን ኣመሪካ

South America

ደቡብ ኣመሪካ

Africa

ኣፍሪቃ

Asia

ኤስያ

Australia

ኣውስትራልያ

Atlantic

ኣትላንቲክ

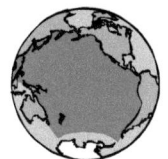

Pacific

ፓሲፊክ

Indian Ocean

ህንዳዊ ዉቕያኖስ

Antarctic Ocean

ኣንታርቲካዊ ዉቕያኖስ

Arctic Ocean

ኣርክቲካዊ ዉቕያኖስ

North Pole

ሰሜናዊ ዋልታ

South Pole

ደቡባዊ ዋልታ

Antarctica

ኣንታርቲካ

Earth

ምድሪ

land

መሬት

sea

ባሕሪ

island

ደሴት

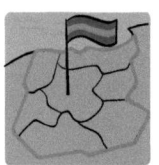

nation

ሃገር

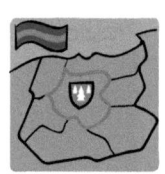

state

ዓዲ

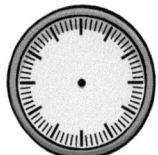

clock
ሰዓት

clock face

ገጽ ሰዓት

hour hand

ኣመልካቲ ሰዓታት

minute hand

ኣመልካቲ ደቓይቕ

second hand

ኣመልካቲ ካልኢት

What time is it?

ሰዓት ክንደይ ኣሎ?

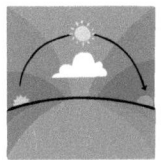

day

መዓልቲ

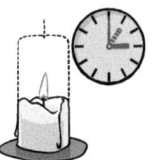

time

ግዜ

now

ሕጂ

digital watch

ዲጊታል ሰዓት

minute

ደቒቕ

hour

ሰዓት

week

ሰሙን

Monday
ሰኑይ
MO
Tuesday
ሰሉስ
TU
Wednesday
ረቡዕ
W
Thursday
ሓሙስ
TH
Friday
ዓርቢ
FR
Saturday
ቀዳም
SA
Sunday
ሰንበት

TUE
MON

yesterday

ትማሊ

TUE

today

ሎሚ

TUE

tomorrow

ጽባሕ

morning

ንጉሆ

noon

ቀትሪ

evening

ምሸት

business days

መዓልታት ስራሕ

weekend

መወዳእታ ሰሙን

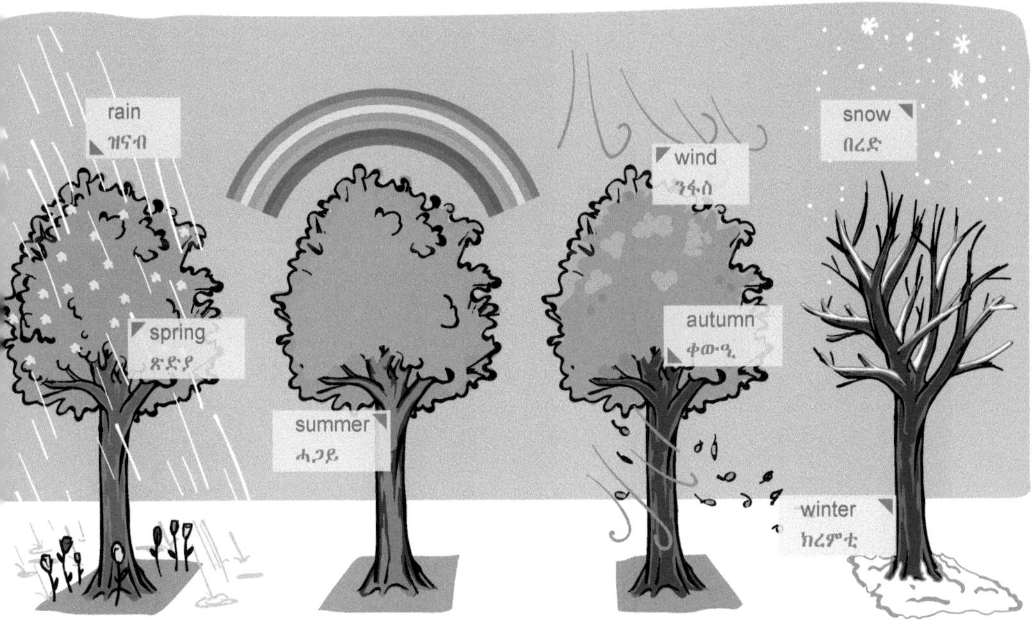

rain
ዝናብ

spring
ጽድያ

summer
ሓጋይ

wind
ንፋስ

autumn
ቀውዒ

snow
በረድ

winter
ክረምቲ

4.APRIL	11°	
5.APRIL	4°	
6.APRIL	13°	
7.APRIL	8°	
8.APRIL	10°	

weather forecast

ትንቢት ኩነታት ኣየር

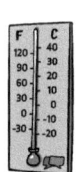

thermometer

ቴርሞመተር

sunshine

ብርሃን ጸሓይ

cloud

ደበና

fog

ግመ

humidity

ጠሊ

lightning

ብርቂ

thunder

ነጎዳ

storm

ህቦብላ

hail

በረድ

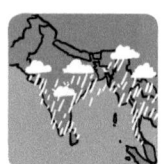

monsoon

ብርቱዕ ህቦብላ

flood

ውሕጅ

ice

በረድ

January

ጥሪ

February

ለካቲት

March

መጋቢት

April

ሚያዝያ

May

ግንቦት

June

ሰነ

July

ሓምለ

August

ነሓሰ

September

መስከረም

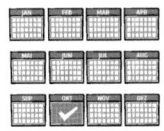

October

ጥቅምቲ

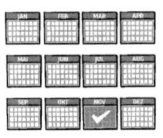

November

ሕዳር

December

ታሕሳስ

shapes

ቅርጽታት

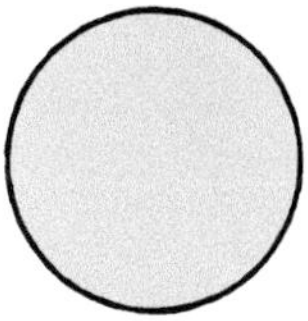

circle

ዙርያ

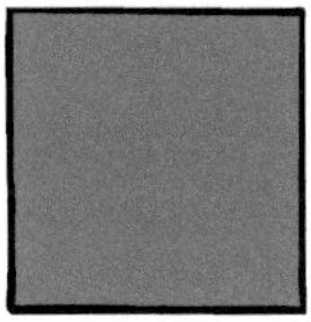

square

ትርብዒት

rectangle

ቅኑዕ ርቡዕ ኩርናዕ

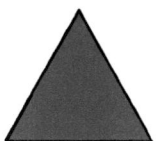

triangle

ስሉስ ኩርናዕ

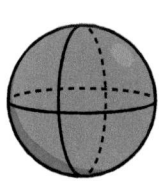

sphere

ክቢ

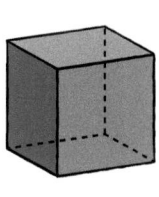

cube

ኩቦ

colours

ሕብርታት

white

ጻዕዳ

yellow

ብጫ

orange

ኣራንሺ

pink

ፒንክ

red

ቀይሕ

purple

ጁኽ

blue

ሰማያዊ

green

ቀጠልያ

brown

ቡናዊ

grey

ሓሙኽሽታይ

black

ጸሊም

opposites
ኣንጻራት

a lot / a little

ብዙሕ / ውሑድ

angry / calm

ሕሩቕ / ሰላማዊ

beautiful / ugly

ጽቡቕ / ክፉእ

beginning / end

መጀመርያ / መወዳእታ

big / small

ዓቢ / ንእሽቶ

bright / dark

ብሩህ / ጸልማት

brother / sister

ሓው / ሓፍት

clean / dirty

ጽሩይ / ርሳሕ

complete / incomplete

ምሉእ / ዘይምሉእ

day / night

መዓልቲ / ለይቲ

dead / alive

ሙዉት / ህልው

wide / narrow

ሰፊሕ / ጸቢብ

edible / inedible

ደስ ዘበል / ደስ ዘይብል

evil / kind

እኩይ / ህያዋይ

excited / bored

ርቡጽ / ስልኩይ

fat / thin

ረጊድ / ቀጢን

first / last

ቀዳማይ / ናይ መወዳእታ

friend / enemy

ዓርኪ / ጸላኢ

full / empty

ምሉእ / ባዶ

hard / soft

ተሪር / ልስሉስ

heavy / light

ከቢድ / ፈኩስ

hunger / thirst

ጥምየት / ጽምየት

ill / healthy

ሕሙም / ጥዑይ

illegal / legal

ዘይሕጋዊ / ሕጋዊ

intelligent / stupid

መስተውዓሊ / ስዱ

left / right

ጸጋም / የማን

near / far

ቐረባ / ርሑቕ

new / used

ሓዲሽ / ብሉይ

nothing / something

ዋላ ሓደ / ገለ

old / young

ዓቢ/ኣረጊት / መንእሰይ

on / off

ወልዕ / ኣጥፍእ

open / closed

ክፉት / ዕጹው

quiet / loud

ህዱእ / ዓው

rich / poor

ሃብታም / ድኻ

right / wrong

ቅኑዕ / ግጉይ

rough / smooth

ሓርፋፍ / ልሙጽ

sad / happy

ጉሁይ / ሕጉስ

short / long

ሓጺር / ነዊሕ

slow / fast

ቀስ / ቅልጡፍ

wet / dry

ጥሉል / ንቑጽ

warm / cool

ምዉቕ / ዝሑል

war / peace

ውግእ / ሰላም

opposites - ኣንጻራት

numbers

ቁጽርታት

0	1	2
zero	one	two
ዜሮ	ሓደ	ክልተ
3	4	5
three	four	five
ሰለስተ	ኣርባዕተ	ሓሙሽተ
6	7	8
six	seven	eight
ሽዱሽተ	ሸውዓተ	ሸሞንተ
9	10	11
nine	ten	eleven
ትሽዓተ	ዓሰርተ	ዓሰርተ ሓደ

12

twelve

ዓሰርተ ክልተ

13

thirteen

ዓሰርተ ሰለስተ

14

fourteen

ዓሰርተ ኣርባዕተ

15

fifteen

ዓሰርተ ሓሙሽተ

16

sixteen

ዓሰርተ ሽዱሽተ

17

seventeen

ዓሰርተ ሸውዓተ

18

eighteen

ዓሰርተ ሸሞንተ

19

nineteen

ዓሰርተ ትሽዓተ

20

twenty

ዕስራ

100

hundred

ሚእቲ

1.000

thousand

ሽሕ

1.000.000

million

ሚልዮን

languages

ቋንቋታት

English

እንግሊዝኛ

American English

አመሪካዊ እንግሊዛዊ

Chinese Mandarin

ቻይናዊ ማንዳሪን

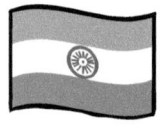

Hindi

ሂንዳዊ

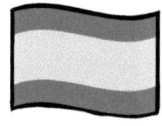

Spanish

እስጳኛዊ

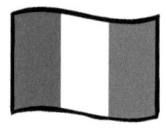

French

ፈረንሳዊ

Arabic

ዓረባዊ

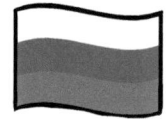

Russian

ሩሲያዊ

Portuguese

ፖርቱጋላዊ

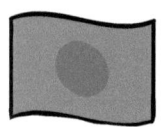

Bengali

በንጋሊ

German

ጀርመናዊ

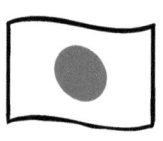

Japanese

ጃፓናዊ

who / what / how

መን / እንታይ / ከመይ

I

አነ

you

ንስኻ/ኺ

he / she / it

ንሱ / ንሳ / ንሱ

we

ንሕና

you

ንስኻ

they

ንሳቶም

who?

መን?

what?

እንታይ?

how?

ከመይ?

where?

ኣበይ?

when?

መዓስ?

name

ሽም

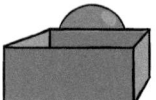

where
ኣበይ

behind

ድሕሪ

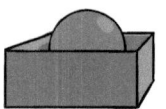

in

ኣብ

in front of

ኣብ ቅድሚ

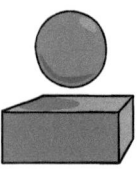

over

ኣብ ላዕሊ

on

ኣብ ልዕሊ

under

ትሕቲ ምድሪ

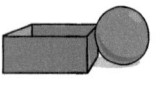

beside

ኣብ ጥቓ

between

ኣብ መንጎ

place

ቦታ